Histoire Générale
des
Communes
de France

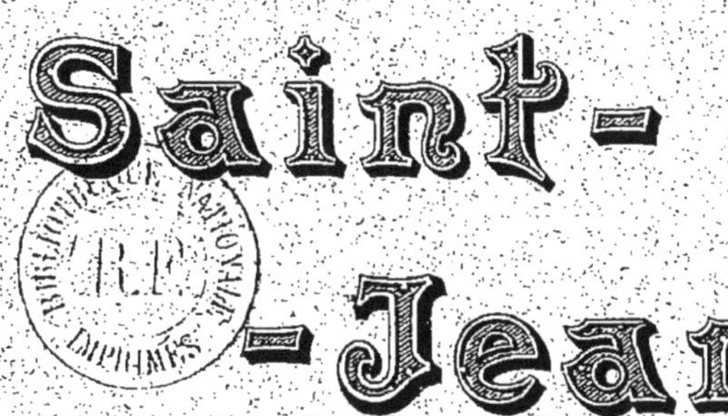

Saint- -Jean du Corail

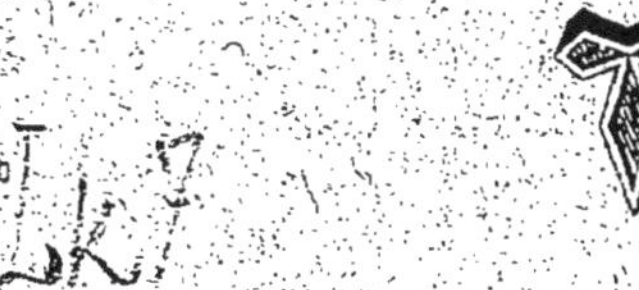

A la Société
De l'Histoire Générale
—Des Communes
De France
15, Rue Racine. PARIS

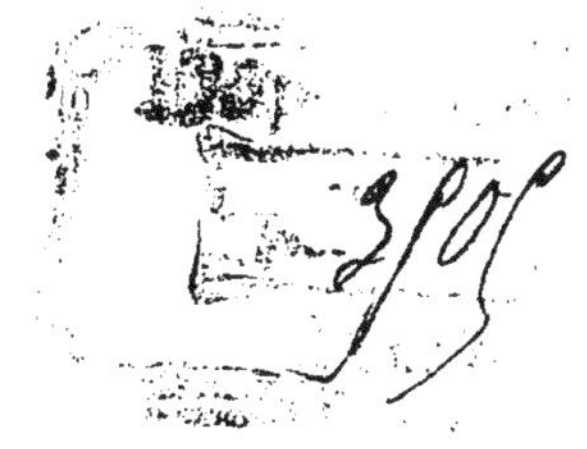

Saint-Jean-du-Corail

Commune de l'arrondissement et du canton de Mortain.
Population, 55o habitants. — Superficie 6o8 hectares. —
Bureau de poste : Mortain. — Distance du chef-lieu, 6
kilomètres. — De la gare Mortain-Bion, 3 kilomètres.

I. — *Origines*

De toutes les communes de l'arrondissement de
Mortain, dont nous avons recherché les annales historiques, aucunes ne nous ont été plus faciles à
retrouver, grâce à Julien Pitard, l'un de ses anciens
seigneurs, antiquaire et historien au xviie siècle, qui
sut profiter d'un grand nombre de titres aujourd'hui
anéantis.

La plus ancienne mention que l'on rencontre de
cette paroisse est consignée dans la charte de Pierre
de Navarre, à la date de 14o1 (1). Son nom y est

1. H. Sauvage. *Mémoires de la Société de l'histoire de Normandie. Mélanges.* Série 5, p.

orthographié *Sainct-Jehan-du-Coureil*. Il est resté à peu près invariable depuis cette époque jusqu'au xviie siècle (1), puis il s'est modifié avec les progrès de la langue française dans celui de *Saint-Jean-du-Coral ou Courail* (2). Enfin cette affixe est devenue définitivement *Corail*. Cependant on désigne souvent cette paroisse sous le nom de *Saint-Jean-Jouxte-Bion ou Lez-Bion et près Bion*. Les feuillets qui recouvraient les anciens registres de sa catholicité portaient notamment cette dernière désignation. Nous en fîmes la remarque lorsque nous les donnâmes à cartonner et à relier. C'est aussi sous cette dénomination que les archives de l'ancien évêché d'Avranches nommaient cette paroisse, afin de la distinguer d'une autre qui portait le même nom et qui est au canton de Brécey. En France il ne se trouve que ces deux communes qui soient ainsi dénommées.

Plusieurs auteurs ont inutilement recherché l'étymologie de cette affixe *Corail* : nous ne nous en préoccupons pas. Peut-être n'est-ce que le mot latin *coram* défiguré, dont le sens correspond fort bien à celui de *jouxte, lez ou près Bion*. Ce serait le plus vraisemblable, puisque d'après les données historiques les deux paroisses de Bion et de Saint-Jean n'en auraient formé qu'une seule dans les temps les plus anciens.

1. Actes nombreux de 1591, 1610 et 1656.
2. Titres de 1660.

II. — *La Famille de Saint-Jean*

Tous les chroniqueurs s'accordent à donner à Saint-Jean-du-Corail une même origine : ils la font remonter à l'un des neveux de Thomas de Saint-Jean, inscrit parmi les plus illustres guerriers de l'Avranchin. Ce seigneur a même donné son nom à la paroisse de Saint-Jean-Le-Thomas (1), située sur la baie du Mont-Saint-Michel.

Lors de la conquête de l'Angleterre, par Guillaume le Conquérant (1066), ce gentilhomme avait eu la direction des chariots et des engins de guerre. Devant la forteresse de Tinchebray (1104), il remplit le rôle de commandant du siège (2). Mais il n'eut pas de postérité. Son château, illustré par lui, échut à des collatéraux et sa famille n'eut jamais le crédit dont l'avaient fait jouir ses talents militaires. De plus, elle se divisa. L'aîné perpétua sa branche en Angleterre (3), tandis que le jeune, nommé Robert, fonda vers les débuts du xiie siècle *Le Petit-Saint-Jean* (4), assis en la paroisse de Saint-Jehan-du-Courel (5), c'est, sans nul doute, à cette circonstance

1. Commune du canton de Sartilly.

2. *Ordericus Vitalis*, lib., X. *Apud Chesnium*, p. 820.

3. C'est de lui que descendent les Bolinbroke, dit-on.

4. Charte de Navarre, déjà citée. Voir les *Mémoires de l'hist. de Normandie.*

5. Pitard. *Nobiliaire du comté de Mortain*. Inédit. V° *Saint-Jean*.

que la terre que ce dernier posséda, au comté de Mortain, doit le titre de *Petit-Saint-Jean* (1). On voulut reconnaître ainsi une certaine supériorité à celle de Saint-Jean-Le-Thomas, berceau de la famille (2).

Ce qui semble très présumable, c'est qu'à ce moment les deux paroisses de Saint-Jean et de Bion n'en formaient vraisemblablement qu'une seule et unique, sans le nom de Bion, avec des redevances communes à toute l'étendue de leur territoire. Le comte de Mortain, qui procéda à ce partage des deux paroisses s'en réserva la suzeraineté, avec l'hommage féodal. Bion conserva son nom ancien et la parcelle démembrée prit le nom de son seigneur qui posséda ainsi un fief, qualifié de quart de haubert. Le jeune Robert, en même temps qu'un domaine assez vaste, reçut le patronage de la paroisse et le droit de sa présentation à la cure (3).

Les deux frères Guillaume et Robert donnèrent à l'abbaye de la Luzerne, en 1161, des biens considérables, qui leur valurent le titre de seconds fondateurs de cette maison, établie primitivement en 1143 (4).

Ces deux chevaliers devaient des services militaires au Mont-Saint-Michel. A ce titre, ils firent hommage à l'abbé. Robert fit même une autre soumis-

1. Sommaire du noble. *Archives de la Manche.*

2. *Pairages et Banks. Ext. parages*, t. I, p. 78.

3. Archives de la Manche. A. 1693.

4. *Cartularium Sancti-Michælis. Mémoires des antiquaires de Normandie,* t., XIV, p. 22.

tion à ce monastère (1), pour le fief d'Alain, dont il avait épousé la fille (2).

Henri II, roi d'Angleterre et duc de Normandie, ayant en 1180 réclamé des comptes à Nigel, receveur du domaine de Mortain, Guillaume de Saint-Jean y fut compris pour cent sols (3).

Quinze ans plus tard, en 1195, Jean sans Terre recevait à son tour les comptes de Richard Sylvain ou Servain, seigneur de Saint-Pois. Ils font mention de Guillaume-de-Saint-Jean pour une somme de 70 livres ; c'était un reliquat, savoir: de 48 livres 5 sols, portés en recette et de 21 livres 5 sols en débet (4).

Peu après, Guillaume de Saint-Jean prêta serment de fidélité au roi Philippe-Auguste, après la confiscation de la Normandie sur Jean sans Terre, en 1204. Ce même seigneur était, en 1206, témoin à une charte de Guillaume, comte de Mortain et de Boulogne, pour l'abbaye de Lonlay (5).

Un Gautier de Saint-Jean fut, avec Robert du Teilleul, au nombre des anciens chevaliers qui, à la mort de Gautier, archevêque de Rouen, comparurent à une enquête ouverte sur la question de savoir si le droit de régale avait été pratiqué au temps des anciens ducs de Normandie.

1. Lechaudé d'Anisy. *Magni Rotuli Normanniæ*, p. 4.
2. Alain, seigneur de Saint Pierre-Langers.
3. Lechaudé d'Anisy. *Magni Rotuli Normanniæ*, p. 4.
4. Lechaudé d'Anisy. *Magni Rotuli Normanniæ*, p. 67.
5. H. Sauvage. *Recherches historiques sur Mortain*, p. 158.

Les titres originaux de la Maison de Saint-Jean renfermaient beaucoup d'actes au nom d'un autre Guillaume de Saint-Jean et particulièrement une sentence rendue en 1285, par le bailli du Cotentin, tenant ses assises à Mortain, au sujet d'une contestation entre le roi de France et ce même Guillaume, à propos de quelques droits sur son fief. Il y eut à cette occasion une enquête à laquelle prirent part divers chevaliers, écuyers et vasseurs du comté de Mortain (1).

Robin de Saint-Jean, fils de celui-ci, fit en 1293, un accord avec Hamon de Moissey, qui demeurait dans la même paroisse de Saint-Jean. Il figurait encore dans des actes de 1310 et de 1318.

Nicole ou Colin de Saint-Jean, fils de Robin, vivait en 1325 et 1344. En 1349, Perronnelle de Husson, sa veuve, s'obligea en justice, à payer à la décharge de Jeanne, sa fille, épouse de Richard de Saint-Manvieu, toutes les dettes de la succession de celui-ci qui s'élevaient à 35 livres 8 sols. Perronnelle n'avait eu que cette fille et la famille de Saint-Jean tomba ainsi en quenouille.

Les de Saint-Jean avaient pour armoiries : *d'argent au chef de gueules, chargé de trois besants d'or*. Elles étaient peintes au xviii⁰ siècle à la principale vitre du chœur de l'église paroissiale de Saint-Jean, aussi bien qu'à la chapelle seigneuriale du château.

1. Pitard. *Nobiliaire de Mortain* déjà cité.

III. — *La Famille de Saint-Manvieu*

Dès avant 1349, Richard de Saint-Manvieu avait épousé Jeanne de Saint-Jean. Il était originaire des environs de Vire.

Après eux, se trouve Guillaume de Saint-Manvieu qui, le 19 septembre 1393, fit l'aveu au roi, en qualité de comte de Mortain, de son fief du Petit Saint-Jean.

Dans cet acte, il déclara qu'il avait le patronage de l'église paroissiale de Saint-Jean, et qu'il était obligé *en dix jours de service pour la garde de la rue aux femmes à Mortain, quand mestier est* (1). Il s'agissait, d'après ce que nous savons, de la défense de la rue, qui, à Mortain, aboutissait au pont ou à la *Planche Majotin*, l'une des entrées fortifiées de la ville, où existait un pont-levis.

Jean de Saint-Manvieu, écuyer, le 14 décembre 1496 ; Thierry de Saint-Manvieu, le 26 juin 1500 ; Robert de Saint-Manvieu, le 28 octobre 1501 ; Jean de Saint-Manvieu, le 18 février 1553, et Julien de Saint-Manvieu, le 8 janvier 1571, renouvelèrent les mêmes soumissions aux divers comtes de Mortain, par les actes solennels de leurs aveux. Tous répétaient que leur quart de fief de haubert, qui se trouvait dans les paroisses de Saint-Jean et de Husson s'étendait sur

---

1. Sommaire du noble. *Aux Mémoires de la Société d'archéologie d'Avranches*, t. XIV.

15 aînesses (1).Ils maintenaient également leur patronage et leur droit de présentation à l'église et aux *écoles de Saint-Jean, leur colombier à pied et à volée*, et se reconnaissaient débiteurs de 20 sous de rentes dans le charroi appelé *Marabin à la recette de Mortain*.

En retour, ils avaient le droit de prendre, en franchise, du bois dans la forêt de Lande-Pourrie, et jouissaient des mêmes libertés que *les tenants des neuf masures de Bion*. Ils étaient également exempts de tout *guet et coutume, parce qu'ils étaient assujettis à amener les bois de la justice patibulaire de Mortain, en compagnie des hommes de Bion, et autres à ce sujets* (2).

A ces détails, la charte de Navarre, aux articles 262 et 270 ajoute que : « ce tènement du Petit-Saint-Jean était bien un quart de fief, tenu du roy, notre syre (3). »

Guillaume de Saint-Manvieu, qui avait figuré dans l'aveu de 1393, mourut en Angleterre, où il avait été emmené en captivité après la désastreuse défaite d'Azincourt, en 1415. Blessé grièvement dans cette bataille, qui vit succomber les plus braves guerriers

---

1. L'aînesse désignait un héritage roturier, anciennement divisé entre frères. Houard. *Dict. de la coutume de Normandie*.

2. Sommaire du noble. Voir aussi à cet égard notre article de Bion.

3. A partir de 1401, les rois cessèrent de posséder Mortain et il y eut des comtes de Mortain jusqu'en 1789.

de la France, il ne survécut que peu de temps à sa blessure. Il avait épousé Jeanne Valon, fille de Robert, seigneur du Tourneur (1). Devenue veuve, elle se remaria avec Jean de Ravetot, écuyer, seigneur de Villy.

Pendant la détention de Guillaume de Saint-Manvieu, son fils avait été admis à rendre la foi et l'hommage au vainqueur. Sa femme fut Olive d'Argouges, dont il eut deux fils, qui formèrent deux branches. L'une habita les environs de Vire, l'autre perpétua les seigneurs de Saint-Jean (2).

Robert, qui était l'aîné, passa le 29 mars 1436, la déclaration de son fief de Saint-Jean, à Edouard de Beauford, duc de Sommerset et comte de Mortain, durant la domination des Anglais en Normandie. Il tenait alors ce domaine *en parage* avec son frère puîné Yves de Saint-Manvieu.

Plus tard, ce même Yves présentait à la cure de Saint-Jean, le 4 avril 1469, son propre fils Philippe de Saint-Manvieu, docteur en l'Université de Caen.

Il laissa deux fils et au moins quatre filles, mariées dans les maisons de Juvigny, de Boudé, de Vauborel et Le Méant (3).

L'aîné des fils d'Yves, nommé Jean (3e du nom) eut pour femme Michelle d'Oissey, fille de Geffroy,

1. Le Tourneur, commune du canton de Bény-Bocage (Calvados).

2. Le Méant ou Le Mengeant. Cette famille posséda La Mangeantière, en la paroisse de Bion.

3. Pitard, *Nobiliaire du comté de Mortain*, déjà cité.

seigneur de Touchet. Il soutint, en 1493, un procès avec Jean de Burcy, son oncle, au sujet du fief de Saint-Jean, dont celui-ci demandait que le *parage* (ou plutôt *pairage*) fût continué.

Ce fut lui qui passa l'acte du 14 décembre 1496, déjà mentionné et inscrit au folio 262 du *Livre des Aveux*. Il le renouvela le 16 mai 1499, et mourut en l'année 1500, d'après une note écrite par son fils, dans le *Journal* qu'il avait l'habitude de rédiger (1).

Par testament du 30 mai précédent, il fit avancement de succession à ses quatre enfants, Thierry, Robert, Jeanne, femme de Thomas de Brebœuf, et Renée, épouse de Jean Le Devin, seigneur de Montboyer.

Tierry eut pour sénéchal dans son fief de Saint-Jean, Jean Guéroult, écuyer, seigneur de Lanquetillière (2). Il avait épousé, le 1er décembre 1495, Péronne de Sainte-Marie, dont il eut deux enfants Jean et Jeanne.

Jean (4e du nom), écuyer, seigneur de Saint-Jean et de La Mortière, renouvela ses hommage et aveu envers les ducs de Montpensier, comtes de Mortain, au mois de février 1553 (3). Il vivait toujours en 1558. Sa femme fut Marie Nantier, fille du baron de Landelles, seigneur du Bény (4), qu'il avait épousée,

1. Folio 273 du même livre.

2. Lanquetillière, en la paroisse de Romagny.

3. Archives de la Manche, folio 393 du registre des actes d'aveux.

4. Le Bény-Bocage, arrondissement de Vire (Calvados).

le 8 avril 1518. Diverses pièces de procédures, datées de 1547, prouvent qu'il y eut entre eux un violent procès devant la cour ecclésiastique. Marie Nantier se remaria en secondes noces avec Pierre Le Méant, écuyer, seigneur de La Patinière.

Julien de Saint-Manvieu, leur fils, épousa le 7 avril 1551, d'abord Jeanne Le Verrier, puis, le 9 décembre 1579, Françoise Champion.

Ce gentilhomme vécut fort vieux, et Jean, (5e du nom) qui lui succéda, ne lui survécut que peu d'années. Ce dernier s'était marié, le 17 septembre 1583, à Marguerite Des Vaux, et mourut en 1608, laissant une nombreuse postérité, entre lesquels étaient quatre garçons, Julien, Jean, Charles, curé de Saint-Jean, et Guy, connu sous le nom de La Mortière.

Julien de Saint-Manvieu (2e du nom), fut seigneur de Saint-Jean, de La Mortière et du Bois-Bellier (1). Il épousa, le 14 août 1614, Julienne d'Oissey, fille de Guillaume. Mais à sa mort, en 1647, il n'avait que deux filles, dont la cadette, nommée Adrienne, mariée en septembre 1641 à François Pitard, seigneur de Boudé en Saint-Gilles-des-Marais (2), recueillit Saint-Jean-du-Corail dans son héritage.

Le blason des Saint-Manvieu était : *de gueules fretté d'argent de huit pièces ; au franc-quartier d'hermines*. Il était aux vitres de l'église paroissiale et de la chapelle de leur château de Saint-Jean.

1. La Bois-Bellier est dans la commune de Husson.
2. Arrondissement de Domfront (Orne).

IV. — *La famille Pitard.*

Saint-Jean passa donc, par alliance, dans une nouvelle famille, celle des Pitard, originaire des environs de Domfront. Plus tard, ce domaine sera encore transmis par des femmes à d'autres maisons et dès actuellement nous pouvons constater que depuis le xiiᵉ siècle jusqu'à ce jour actuel, il n'a jamais fait l'objet d'une aliénation, d'un échange, d'un marché, d'aucun acte quelconque de commerce, mais qu'il est constamment échu dans la corbeille de quelque dame de Saint-Jean.

François Pitard, écuyer, devenu seigneur de Saint-Jean-du-Corail par son mariage avec Adrienne de Saint-Manvieu, était né en 1622. Il mourut le 30 septembre 1658, et sa veuve lui survécut jusqu'au 29 janvier 1680. Ils eurent sept enfants : Julien, Gabriel, Henri et Jean, Marquise, Jacqueline, qui fut femme de Henri de L'Espine, sieur de la Fresnaye, et Julienne, morte religieuse hospitalière à Vire, en 1705.

L'aîné, Julien, né le 18 décembre 1642, à Saint-Jean-du-Corail, passa la plus grande partie de sa jeunesse à Boudé, aux environs de Domfront, dont il écrivit l'histoire. C'est notre chroniqueur apprécié, l'auteur du *Nobiliaire du comté de Mortain*, resté inédit jusqu'à ce jour, et toujours recherché. Nous avons raconté sa vie laborieuse en publiant son histoire de Domfront.

En 1666, il fit ses preuves de noblesse devant M. de Marle, intendant de la généralité d'Alençon, tant en son nom, qu'en celui de ses frères. Il prit deux alliances, l'une, le 5 avril 1668, avec Bertranne Roger, morte en 1678 ; l'autre, avec Françoise Le Silleur, dame de Lyonnière, dont le portrait nous a été montré dans la galerie des tableaux du château Saint-Jean.

Des neuf enfants qu'il avait eu de ses deux mariages, un seul fils se maria.

Ses prénoms étaient Jean-François, qualifié d'abord du titre de M. de Lyonnière ; il prit celui de Saint-Jean-du-Corail à la mort de son père, survenue à Domfront en 1714. Né le 5 octobre 1681, Jean-François épousa le 15 décembre 1709, au château de Brécey, Anne-Marie-Gabrielle de Vassy, fille du marquis de Pirou et de Brécey, et mourut le 29 novembre 1727, à Brécey, où il fut inhumé à l'église paroissiale, dans l'enfeu du marquis de Pirou. Sa veuve lui survécut jusqu'au 7 mars 1750. Décédée au château de Saint-Symphorien, elle fut rapportée à Saint-Jean, puis inhumée dans le chœur de l'église de la paroisse.

L'écusson héraldique des Pitard était : *d'azur à l'épervier d'argent, lié et grilleté d'argent, tenant entre ses griffes une perdrix de même.* Ils y ajoutaient pour cimier *un épervier naissant.*

V. — *Les de Vaufleury de Saint-Cyr.*

La chapelle du château de Saint-Jean fut, le 7 octobre 1743, le sanctuaire choisi pour la cérémonie du mariage de noble demoiselle Pélagie Pitard, fille de feu Jean-François Pitard, chevalier, seigneur et patron présentateur de Saint-Jean-du Corail, Boudé et Lyonnière, avec messire Gilles de Vaufleury, écuyer, seigneur et patron de Saint-Patrice du Teilleul, de Saint-Cyr du Bailleul, Montcorbeau, etc., conseiller du roi, lieutenant général civil, et criminel du bailliage de Mortain.

Cette alliance portait Saint-Jean dans une nouvelle famille, née dans la paroisse du Teilleul, où elle avait été anoblie sous Louis XIII, par l'édit rendu en faveur du Canada. Elle y avait toujours vécu et s'était divisée en trois branches principales. La première est connue sous la dénomination des marquis de Malterre; la deuxième est celle de Saint-Patrice et de Saint-Cyr; et la troisième celle des de la Durandière.

Le mari de Pélagie Pitard remplissait alors à Mortain les fonctions les plus importantes de tout le comté de Mortain après celles de grand bailli d'épée. Il les avait recueillies dès 1736, dans l'héritage de Nicolas du Bailleul, son aïeul maternel, et les transmit, en 1773, à son fils Gabriel-François du Vaufleury, qui les conserva jusqu'à la Révolution, par suppression.

Les membres de la famille de Géraldin, qui furent, durant le xviiie siècle, presque seuls grands baillis de Mortain, tenaient rarement la justice royale. A peine venaient-ils occuper leur siège une ou deux fois chaque année, afin de conserver leur titre et de faire de temps à autre acte de présence. Il en résultait que M. de Saint-Cyr, par le fait, occupait bien le premier rang à Mortain, sans conteste, et qu'il ne tenait qu'à lui d'être le lieutenant, le conseiller intime, peut-être même le distributeur des grâces des ducs d'Orléans, princes du sang royal et possesseurs du beau et vaste domaine de Mortain. Ce rôle valut à M. de Saint-Cyr une situation politique sérieuse et enviée, lorsque les événements de 1789 vinrent donner au pays une existence nouvelle.

Dès l'année 1787, il fut en effet choisi pour faire partie de l'Assemblée provinciale de la Basse-Normandie, qui devait constituer l'Assemblée de la généralité de Caen, et se réunir dans cette ville, afin d'y préparer les assemblées des notables, qui précédèrent la convocation des Etats Généraux de 1789. M. de Saint-Cyr fut nommé syndic de la circonscription de Mortain. Au surplus, nous ne pouvons mieux comparer cette assemblée de la Basse-Normandie qu'aux conseils généraux de nos départements actuels. Seulement, leur mode d'élection se faisait, dans ce temps-là, par catégories sociales.

Peu après la tenue de ces Assemblées provinciales, le roi Louis XVI dut convoquer les Etats Généraux à Paris.

A cette nouvelle, l'enthousiasme fut immense à Mortain. Mais il se refroidit bientôt et voici pourquoi.

Les élections devaient se faire à deux **degrés**. Or l'Assemblée du bailliage de Mortain reçut bientôt l'ordre d'envoyer ses délégués à Coutances, afin d'y procéder à l'élection définitive des députés du bailliage unique. Dès lors le bailliage de Mortain se trouvait entièrement annihilé ; il disparaissait complètement par ce coup d'Etat et Coutances dominait d'une façon absolue.

Les trois ordres de bailliage de Mortain, réunis dans l'église collégiale et chapelle royale de Mortain produisirent alors la revendication de leur droit de députer directement eux-mêmes. Ils chargèrent M. de Vaufleury de Saint-Cyr de faire valoir tous leurs droits.

Mieux que tout autre, en effet, il pouvait défendre les intérêts sacrés du pays, comme jurisconsulte, comme magistrat et comme ayant déjà joué activement avec éclat un rôle politique. Il accepta donc cette tâche ardue, et fut très probablement l'auteur et le promoteur d'un long mémoire rédigé sous forme de protestation, qui fut déposé aux minutes de Restout, notaire à Mortain. Ce mémoire fut aussitôt signifié par huissier, aux mains du grand bailli de Cotentin et de M. Saint-Cyr se chargea de le présenterlui-même au Directeur général des Finances.

On dit qu'il le fit avec entraînement et avec élo-
quence, car il avait du talent. Mais Necker lui fit
cette réponse : « Qu'à la vérité Mortain avait bien
« antérieurement, en 1588 et 1614, envoyé directe-
« ment des députés aux derniers états généraux
« tenus en France, mais qu'ils n'y avaient pas été
« admis. » La réclamation du bailliage de Mortain
n'était donc pas nouvelle.

La décision de Necker était sans appel et souve-
raine. Dès lors il fallut s'y conformer.

Les représentants du bailliage secondaire de Mortain, réunis de nouveau dans une assemblée nouvelle et générale, tenue encore dans l'église, le
7 février 1789, élurent le marquis de Géraldin, bailli
de Mortain, pour représenter le clergé et la noblesse
et M. de Saint-Cyr, pour le tiers-état. Puis, formu-
lant leurs désirs dans leurs suprêmes réserves, ils
déclarèrent ne venir prendre part à leur appel fait à
Coutances « *que pour obéir aux ordres du roi, sans*
« *entendre se préjudicier en leurs droits et privilè-*
« *ges de députer directement.* »

Ils signèrent de plus leurs réserves expresses de
supplier le roi de les maintenir dans leur plus entière
indépendance.

Ces nouvelles protestations furent signées par
19 ecclésiastiques, 50 gentilshommes et 182 membres
du tiers-état.

Comme conséquence de ces événements, il résulta
ceci : 1° Un certain nombre des membres des trois
ordres du bailliage de Mortain ne se présenta pas à

Coutances, pour y prendre part aux scrutins définitifs ;
2° Le bailliage secondaire de Tinchebray qui dépendait directement de celui de Mortain, ne fut même pas convoqué : il fut absolument délaissé et considéré comme n'existant pas ; 3° Sur 16 délégués, dont se composa la députation du bailliage de Coutances, 2 députés seulement représentèrent Mortain, savoir : Bécherel, curé de Saint-Loup, né à Saint-Hilaire-du Harcouët (1), et Le Sacher de La Palière, avocat à Mortain.

Cependant les événements se précipitèrent : les bailliages provinciaux furent abolis. M. de Saint-Cyr dut résigner son titre de lieutenant général et perdre sa place. Doué d'un caractère fort doux, inoffensif et ami du calme, il se hâta même de céder au nouveau département de La Manche le bel hôtel qu'il occupait à Mortain, pour y établir l'administration nouvelle, ainsi que le tribunal du district.

Cette habitation, la plus vaste de la ville est située tout près de l'église collégiale et royale. Le rez-de-chaussée en fut désormais occupé par le tribunal. L'administration et ses bureaux s'organisèrent au premier étage et les magnifiques jardins qui l'entouraient devinrent la *place Nationale* où s'accomplirent désormais toutes les cérémonies publiques, civiles et militaires. Cet état de choses ne fut modifié qu'en 1838, époque à laquelle le département acquit l'ancien

---

1. Sa candidature s'était produite contre celle de l'évêque d'Avranches, Mgr Godart de Belbœuf.

château des ducs d'Orléans, pour y établir la sous-préfecture de Mortain.

Quant à M. de Saint-Cyr, après avoir exercé pendant quelques mois à peine les fonctions de maire de Mortain, il alla d'abord dans ses terres, à Saint-Jean-du-Corail, puis bientôt il se fixa à Vire. Incarcéré dans cette ville, ainsi que sa famille, au temps de la loi sur *les suspects*, il fut peu après transféré dans les prisons de Bayeux (1), où l'on instruisit son procès. Il en sortit grâce à la mort de Robespierre, croyons-nous.

Enfin, il revint en l'an VIII à Saint-Jean et dès l'année suivante il fut appelé par les suffrages des habitants au conseil municipal, le 29 frimaire an IX. Il mourut à son château ancestral, le 10 germinal an XII (31 mars 1804). Né à Saint-Cyr-du-Bailleul, le 13 septembre 1744, il avait épousé Mlle Marie-Gabrielle Fortin de Marcenne, qui lui survécut jusqu'en 1839 et qui mourut aussi au même château de Saint-Jean-du-Corail, le 2 janvier, à l'âge de quatre-vingt-deux ans.

VI. — *La famille Gaudin de Villaine*

M. et Mme de Saint-Cyr eurent quatre filles. L'une

1. On se souvient encore que dans ces circonstances très pénibles, Mlle Rose de Saint-Cyr, l'une de ses filles, qui était restée au château de Saint-Jean, fut d'un dévouement admirable pour son père et pour les siens. Elle multiplia pour lui ses démarches sans nombre et fut pour eux leur ange tutélaire. Grâce à elle sa mère et ses sœurs furent libérées. Elle était atteinte de gibbosité.

d'elles, Mme Gaudin de Villaine, eut en partage le château de Saint-Jean-du-Corail.

Par acte d'avancement de succession, elle le transmit à son fils aîné Sylvain-Charles Gaudin de Villaine, mort à Carcassonne, colonel du 12e régiment de chasseurs à cheval, officier de la Légion d'honneur. C'était un officier supérieur d'une insigne distinction et d'un grand avenir : il s'était occupé de travaux historiques sur Mortain, qui sont restés inédits. Après le décès de sa veuve, le domaine de Saint-Jean a fait retour à son frère M. Adrien Gaudin de Villaine, mort général de brigade, commandant le département de l'Oise à Beauvais, et commandeur de la Légion d'honneur. Il avait été l'un des brillants généraux qui avaient fait la campagne d'Italie, sous les ordres de l'Empereur et concouru à l'unité de cet État.

Le château de Saint-Jean-du-Corail est actuellement en la possession de son plus jeune fils M. Adrien-Paul-Marie-Sylvain Gaudin de Villaine, chevalier de la Légion d'honneur, sénateur du département de La Manche, conseiller général, maire de Saint-Jean-du-Corail, et ancien député de Mortain.

Par sa mère, née de Nicolaï, M. de Villaine est petit-fils du maréchal duc de Broglie, ministre de la Guerre sous Louis XVI, et par alliance, petit-neveu de l'amiral de Pléville-le-Pelley, l'héroïque marin granvillais, qui promena glorieusement le drapeau français autour du monde entier et auquel sa ville natale a élevé une statue, le 21 juillet 1907.

Le propre frère aîné de M. de Villaine, est mort, il y a deux ans à peine, six mois seulement après sa promotion comme général de brigade.

Nous avons eu l'honneur, en 1894, de donner déjà dans le *Dictionnaire du département de la Manche*, publié par M. Henri Jouve, la biographie de M. Gaudin de Villaine : nous n'oserions pas la reproduire ici. Cependant il nous sera bien permis de rappeler qu'admis à ce moment à l'École Militaire de Saint-Cyr, il s'engagea volontaire au 5e bataillon de chasseurs pour la campagne Franco-Allemande de 1870. Après avoir pris part aux batailles de Patay et du Mans, M. de Villaine fut choisi comme officier d'ordonnance par l'amiral Bruat, commandant de la division chargée, après l'amnistie avec l'Allemagne, de garder l'Assemblée nationale à Bordeaux.

Arrêté par la Commune, lors de l'insurrection du 18 mars 1871, en même temps que les généraux Chanzy et Langourian, il fut incarcéré pendant quelques jours avec eux dans la prison de la Santé. Peu s'en fallut qu'ils ne partageassent tous le sort des otages : lui et ses compagnons furent sur le point d'être fusillés.

Rentré à Saint-Cyr et devenu capitaine, M. de Vilsaine donna sa démission et vint aussitôt à Saint-Jean-du-Corail, dont il fut bientôt maire. Les suffrages de ses compatriotes l'y accueillirent ensuite comme conseiller général de leur canton, puis comme député de l'arrondissement de Mortain. C'est alors qu'il songea à compléter et à embellir son habitation. Elle est à l'extrémité d'une colline de 3 kilolomètres environ, surmontée d'une avenue de bois de haute futaie. Il sut lui donner un aspect absolument nouveau et merveilleux, au moyen de tours aux toits à pointe, émergeant comme par enchantement d'une verdure luxuriante.

Le château est du reste dans une situation exceptionnelle, à peu de distance du bourg de Saint-Jean, surplombant le cours limpide de la petite rivière de Bourbe-Rouge que dessine une longue avenue de châtaigniers, qui aboutit à un magnifique massif de hêtres d'où surgit la demeure avec ses toits élevés. Des hauteurs de Mortain l'on distingue fort bien ce bel horizon verdoyant.

Pour l'inauguration de ses travaux, M. de Villaine y donna une fête splendide à l'élite d'une société digne d'une pareille mise en scène. Et tout récemment, à l'occasion d'un mariage, cette fête se trouva naturellement renouvelée.

Le blason héraldique des de Vaufleury de Saint-Cyr est : *d'azur au sautoir d'or, cantonné de quatre roses également d'or* ; ce qui faisait dénommer leurs possesseurs de *Vaufleury aux roses*.

Celui des Gaudin de Villaine est : *d'azur au chevron d'or, accompagné de trois aigles aux ailes éployées d'or, posés 2 et 1 ; au chef cousu de gueules, fretté d'argent.*

VII. — *Le fief de Moissey*

Le fief de Moissey se trouvait être le plus important de la paroisse après celui du Petit-Saint-Jean. Comme celui-ci, c'était un quart de haubert ; mais il relevait du fief du Grand-Husson (1). Ses détenteurs, qui avaient manoir, moulin, étangs, colombier et hautes futaies (2), jouissaient de grands privilèges, qui lui donnaient « le droit de prendre « annuellement et gratuitement dans la forêt de « Lande-Pourrie, bois brisé et volé pour ardouer (3) « et amesnager, et bois pour l'hostel et les moulins » ; c'est-à-dire tout bois de construction et de chauffage pour le manoir et ses dépendances. On verra plus loin combien ces droits furent onéreux pour les comtes de Mortain.

De plus, ces seigneurs avaient le droit d'herbages et de pâturages pour leurs bestiaux, ainsi que celui de faucher dans les landes de cette même forêt.

Les possesseurs de Moissey usèrent largement de ces avantages, qui sont relatés dans des actes successifs du 28 avril 1399, du 11 septembre 1452, du 25 juillet 1490, du 9 février 1517, du 21 mars 1549, du 4 février 1576 et du 27 février 1584, rédigés par

1. Archives de la Manche. A. 1322.

2. Sommaire du Noble. *Aux Archives de la Manche, et de la Société d'archéologie d'Avranches*, t. XIV, p. 242, 243.

3. *Volé* c'est-à-dire abattu par le vent. *Ardouer*, synonyme de brûler, du mot latin *ardere*.

Guillaume Le Soterel, par Guy des Biards, par Jean de Tardes, baron des Biards, échanson ordinaire du roi, par Nicolas de Mouy, par Charles Mallet et par Hilaire Mallet, sieurs de Moissey. Nous en avons trouvé les preuves dans de nombreuses sentences, rendues par les officiers de la Maîtrise des eaux et forêts de Mortain, qui ordonnèrent à diverses reprises la délivrance par les verdiers d'une grande quantité de pieds d'arbres de construction, destinés à ce domaine (1).

Ainsi, le 8 mai 1532, Martin Mallet obtint 40 arbres pour la réédification de son manoir et le 21 avril 1532, 25 chênes pour la reconstruction d'une grange. Charles Mallet, le 2 mars 1537, reçut 5 arbres pour réparer son moulin et le 25 août 1543, 63 chênes pour son château et ses autres maisons. Enfin le 6 mai 1553, 4 chênes furent donnés par faire une roue au moulin : le 20 janvier 1558, 12 chênes furent appropriés à une boulangerie et en 1570 Hilaire Mallet demanda 30 arbres pour réédifier son castel.

En tout 180 pieds d'arbres de construction dans un intervalle de quarante années (2). C'est au point qu'on est amené à penser que Moissey fut, vers 1533 et 1570, victime de divers incendies, tant du château que de ses bâtiments ruraux.

Grâce à cette faculté, qui paraît avoir été sans

1. Sommaire du noble, déjà cité. *Mém. de la Société d'Avranches*, t. XIV.

2. Sommaire du noble, *idem*.

limites, le château de Moissey devait être important et bien entretenu. Il est également certain qu'il fut rebâti à diverses reprises. D'après ces indications on peut garantir qu'à l'ancien manoir du XIIe siècle il en avait succédé un nouveau vers 1533 et que celui-ci fut refait sur nouveaux plans vers 1570. Aujourd'hui, il n'en reste pas pierre sur pierre; les douves qui l'entouraient sont remplies de saules qui y croissent d'une belle végétation et mêlent leurs branchages touffus aux longs sarments de la ronce.

Le château était situé au milieu de vastes prairies, sur le bord de la route nommée le Chemin Montais, qui conduisait de Domfront au Mont Saint-Michel (1).

VIII. — *Les Seigneurs de Moissey*

La charte de Pierre de Navarre (art. 290) appelle ce fief du nom de Moissey. Elle constate qu'il rapportait 50 livres à la recette de Mortain.

Lors de la vente qu'en fit Nicolas de Mouy, chevalier, baron des Biards, à Thomas Mallet, en 1519, il fut perçu par le Trésor un droit de treizième qui s'éleva à 225 livres. Le prix principal de cette vente fut de 2.700 livres, chiffre qui représenterait peut-être seulement le revenu actuel des terres qui composaient à cette époque le domaine de Moissey. Et cependant,

1. Le plan cadastral de Saint-Jean-du-Cornil donne les indications du château de Moissey dans des délimitations parfaitement précises et exactes.

il paraît que dès ce temps il avait été amoindri, car dans les siècles précédents, il avait eu des extensions dans la paroisse de Bion et notamment le moulin de Chavignolles.

Au surplus, ce fait s'explique bien naturellement par ce que nous avons déjà fait pressentir en prouvant qu'avant le xiie siècle, le territoire de Saint-Jean-du-Corail avait été englobé dans celui de Bion, et que ce ne fut que vers le milieu de ce siècle, que furent créées ces deux paroisses voisines et distinctes.

Il semble même très certain que le fief de Moissey exista bien avant celui de Saint-Jean, puisqu'en 1139, Eudes de Moissey fut témoin à une charte d'Etienne, comte de Mortain, pour les religieux du Rocher. De cette circonstance il résulterait que Moissey remonterait à la création du comté de Mortain, vers le milieu du xe siècle.

En 1204, Philippe de Moissey prêta serment au roi de France ; il suivit l'exemple de Guillaume de Saint-Jean.

Ainsi une famille portait le nom de ce fief de Moissey.

Nous savons déjà, en effet, qu'en 1293, le samedi après la Trinité, il fut fait un accord en forme authentique devant la vicomte de Mortain, entre Hamon de Moissey, écuyer et Robin de Saint-Jean. Cet Hamon n'eut que deux filles, dont l'une nommée Gervaise, épousa Henri, seigneur de Husson, auquel elle porta Moissey, lors des partages faits entre elle et sa sœur, mariée à Jean de Sauxé. Henri de Husson, par acte de 1366, échangea Moissey avec son beau-frère Guillaume Le Soterel et Perronnelle de Husson, sa femme. La date de 1366, qui est celle de cet acte autorise à penser que ce dernier, Henri de Husson, était le petit-fils ou peut-être le fils du précédent (1).

IX. — *Les Barons des Biards*

Cette famille Le Soterel devait être originaire de la paroisse de Saint-Jean-du-Corail, où dès 1325, elle tenait une aînesse dépendante du fief de Saint-Jean et qui s'appelait l'aînesse aux Soterel, d'après Pitard (2). Elle résida longtemps à Mortain. Elle y fonda et y fit ériger une chapelle dans l'église collégiale, sous l'invocation de Saint-Michel, en l'année 1368.

Guillaume Le Soterel (2e du nom), conseiller de Charles d'Evreux, roi de Navarre et comte de Mortain, était natif de la ville de Mortain. Il dota cette chapelle de 15 livres de revenu et il en fut le patron et le fondateur. Edifiée en dehors de l'édifice, elle faisait saillie en dehors de la dernière travée de l'église au bas-côté du midy, près de la porte romane qui accède à la rue des Prêtres.

Jusque-là, les Le Soterel n'avaient pris que la seule

1. Pitard. *Nobiliaire du comté de Mortain.* V° *Moissey.*
2. Pitard. *Même nobiliaire.* V° *Le Soterel.*

qualification de bourgeois de Mortain ; mais leur haute situation et les fonctions dont ils furent honorés par les rois de Navarre leur firent acquérir, sans doute, des titres nobiliaires, et, par leur alliance avec l'héritière des Avenel des Biards, ils devinrent bientôt barons des Biards.

Ce fut donc un troisième Guillaume Le Soterel, fils de ceux-là, qui en avril 1399, fit l'échange du fief de Moissey, que nous avons déjà indiqué, et c'étaient les aïeuls de celui-ci, Guillaume Ier et Perronnelle de Husson, sa femme, qui avaient fondé à Mortain une Maison-Dieu ou hôpital (1) dont la confirmation fut, en 1348, octroyée par l'évêque d'Avranches (2).

Guillaume Le Soterel ou Le Sotrel, prenait en 1405 les qualités de seigneur des Chéris, écuyer du roi, garde-enquêteur général et maître des eaux et forêts, landes, bois, étangs et rivières du comté de Mortain et de la châtellenie de Condé-sur-Noireau.

La Roque dit, d'après les registres de la chambre des Comptes de Paris, que Guillaume, baron des Biards, chevalier banneret, fit le 1er juillet 1421, une montre ou revue d'armes au Mont-Saint-Michel. Quelques années plus tard, en 1427, il était au nombre des 119 chevaliers, qui, sous les ordres de Louis d'Estouteville résistèrent glorieusement dans cette place à l'armée anglaise forte de près de 20.000

1. L'hôtel-Dieu de Mortain était où se trouve l'hôtel actuel de La Poste.

2. H. Sauvage. *Recherches hist. sur Mortain,* p. 167.

combattants. Mais le roi d'Angleterre Henri V, dès 1419, avait confisqué ses domaines sur ce vaillant chevalier : il les avait donnés à Thomas Bowet (1). Ce ne fut qu'en 1450, que Charles VII put les restituer à sa famille.

Guy des Biards, dès 1452, passa soumission de son fief de Moissey au comte de Mortain. Le 25 juillet 1490, ce fut François de Tardes, baron des Biards et échanson de Louis XI, qui renouvela les mêmes hommages. Françoise de Tardes, fille de celui-ci, épouse de Nicolas de Mouy, dont on trouve l'aveu du 9 février 1517, vendit Moissey, deux années plus tard, à Thomas Mallet (2).

X. — *La famille Mallet*

Cette famille des Mallet, dont on écrit le nom indistinctement avec une *I*, ou avec deux *II*, avait pris naissance dans le Mortainais et été anoblie en 1466. En 1400, elle avait été représentée par un tabellion, et elle posséda de nombreux fiefs dont les principaux furent ceux de Heussé, de Moissey, du Bohineust, de La Ménardière et des Trois-Épis à Romagny, de la Graverie à Juvigny et de Præsles à Vengeons.

Le 21 mars 1549, Charles Mallet, seigneur de Heussé, rendit aveu au duc de Montpensier pour Moissey. Plus tard, en 1576 et 1584, son frère Hilaire Mallet reproduisit cette soumission dans les mêmes

1. *Rôles Normands de la Tour de Londres*, t. I, p. 300.
2. Pitard. *Nobiliaire du comité de Mortain.* V° *Le Soterel.*

termes. Celui-ci n'eut que trois filles, dont l'aînée épousa Robert d'Harcourt. La seconde, Adrienne, fut femme de Jacques d'Auray, des barons de Saint-Pois et la dernière, Catherine se maria à Georges d'Estanger, écuyer, sieur de Coesquentel et de La Hamelaye, en Bretagne.

Moissey fut morcelé entre les mains des héritiers de ces trois dames et sœurs.

D'après certains actes de 1622 et 1625, Jacques d'Auray agissait comme en étant en possession. Et, en 1652, c'étaient Hilaire et François d'Estanger, frères, qui prenaient le titre de seigneurs de Moissey. Il est probable qu'ils avaient hérité de Mme d'Auray, leur tante. Enfin, en 1670 et 1672, Charles de Meurdrac, baron de Damigny, mari de Charlotte d'Harcourt, tenait ce domaine à son tour. Tout cela est assez obscur.

Mais en définitive Moissey revint ensuite tout entier à Charlotte d'Harcourt, qui se maria trois fois : 1° à Robert du Bailleul, le 27 mars 1632 ; 2° à Nicolas Mallet ; 3° en 1659, à Charles de Meurdrac, baron de Damigny. Ce fut un fils du deuxième de ces mariages Jean-Baptiste Mallet, qui vendit enfin Moissey.

Les Mallet avaient pour armoiries : *d'azur à 3 croissants d'or, posés 2 et 1.*

XI. — *Familles de Vauborel et de Milly*

Une acquisition fit passer le fief important de Moissey dans les mains de Gilbert de Vauborel, écuyer, sieur de La Mortière. Il vint habiter Moissey.

Les registres de la catholicité de Saint-Jean-du-Corail disent qu'il mourut le 8 juillet 1701, en son manoir seigneurial de Moissey et qu'il fut inhumé dans l'église paroissiale, au premier rang de la nef. Peu après, son jeune fils âgé de six mois seulement, mourut le 16 octobre suivant, et enfin le 25 octobre du même mois, noble dame Marie-Charlotte Achard, sa veuve, décéda à son tour et fut ensépulturée auprès de son mari et de son fils. La fatalité semble s'être attachée à cette famille, en frappant ainsi trois de ses membres à un bref intervalle de trois mois.

Trente-trois années plus tard, Jacques de Vauborel, chevalier de Saint-Lazare. leur fils, étant décédé à Mortain, fut inhumé dans la même église de Saint-Jean-du-Corail devant l'autel Saint-Sébastien, à l'endroit où le prêtre commençait la messe.

Quant au château de Moissey, il avait cessé d'être habité par ses maîtres, Jacques de Vauborel demeurait habituellement à Saint-Auvieux, en la paroisse de La Conception en Passais. Cependant un concierge continua à y résider, et un acte de 1759, indique le nom de Pierre Guiard qui était chargé de cet office.

Nous pensons qu'une sœur de ce Jacques de Vauborel, alliée à la maison du Hamel de Milly, porta le château de Moissey dans cette famille qui le possédait encore en 1789. Longtemps inhabité et détruit faute d'entretien, nous ignorons s'il était monumen-

1. Houard. *Dictionnaire de Droit Normand*, t. III, p. 348.

tal : nous avons retrouvé quelques pierres de cette antique demeure, et entre autres, au village du Hamel, maison Clouard, un manteau de cheminée avec un écusson armorié martelé.

XII. — *Le Fief de Chenilly*

Au commencement du xv⁰ siècle, la paroisse de Saint-Jean-du-Corail avait encore un troisième fief. *Le Sommaire du Noble du Comté de Mortain* et *La Charte de Navarre* le mentionnent dans ces termes : Art. 291. — Une portion du fief Luce, nommé le fief de Semillée, (1), assis en la paroisse de Sainct-Jehan-du-Courel, appartenant à Philippot Postel, vault de revenu par an IX livres XVII sous.

Il s'agit parfaitement là du fief de Chenilly, au sujet duquel nous manquons de détails. Un village de ce nom existe encore, avec un moulin et un étang.

Cependant le nom de Chenilly nous rappelle celui de l'un de nos meilleurs commentateurs de la coutume de Normandie, Jacques-Henri Roupnel, seigneur de Chenilly, né à Mortain, le 3 mars 1721. Il fut conseiller au Parlement de Normandie. Ses ouvrages ont été publiés par lui avec la qualification de Seigneur de Chenilly.

XIII.— *Le Manoir de La Broussière*

Après ces trois fiefs, nous devons faire mention

---

1. Une copie défectueuse a transformé *Chenilly* ou *Chenilley* en *Semillée*.

d'une terre désignée dans les actes anciens sous le titre d'aînesse du manoir, ou plutôt des manoirs de La Broussière. Située dans le bourg même de Saint-Jean-du-Corail, elle dépendait du château de Saint-Jean. Elle a appartenu à diverses familles notables qui ont habité sa gentilhommière. Son aspect est très confortable, bien qu'elle n'ait pas un très grand développement et elle doit être du xviie siècle.

Le 1er février 1610, noble homme Thomas Champion, sieur de La Championnière, en fit la soumission féodale à Julien de Saint-Manvieu. Cet acte fut homologué aux *Pleds*, c'est-à-dire à l'audience seigneuriale tenue le 4 mars suivant par Martin Collibeaux, sieur de Levraye, licencié en droit, faisant fonction de sénéchal.

Les mêmes aveux furent renouvelés le 20 juin 1656 ; mais alors le manoir des Broussières avait subi une très notable réduction. De 24 acres qu'il avait en 1610, il n'avait plus que 12 acres 1/2 d'étendue. François Pitard, agissant aux termes de la coutume de Normandie, en avait réuni une grande partie à son propre fief, en opérant un *retrait lignager* sur Étienne de la Bazoge, qui avait *décrété* Jean Champion ; le surplus était resté à Henri Champion, le fils de ce Jean, et celui-ci l'avait vendu à Louis Le Marié, sieur de l'Acre, avocat aux bailliage et vicomté de Mortain.

Au siècle suivant, le manoir de La Broussière appartenait à la famille Delaubrière, des environs de Tinchebray, dont les membres occupaient des situa-

tions judiciaires assez notables. En 1729, Jean Delaubrière était conseiller enquêteur au bailliage et
vicomté de Mortain. Pierre-Jean-Marie Delaubrière
était, en 1763, capitaine d'infanterie. Plus tard,
en 1767, il remplissait à Vire, les fonctions de lieutenant général criminel ; en 1786, il était même, à
Rouen, conseiller au Parlement de Normandie ; enfin
en 1794, il prenait la qualité de président du tribunal de conciliation à Mortain, ce qui devait être
juge de paix suburbain, car il y eut dans le principe un magistrat de cette juridiction pour la ville
même et un juge de paix pour le canton suburbain.
Ce magistrat demeurait à Saint-Jean-du-Corail, et
son fils, Pierre-Auguste Delaubrière, fut maire de
cette commune, pendant quarante-six ans.

XIV. — *Le Domaine de La Toullerie*

La Toullerie a été également habitée par des
familles très distinguées.

A la fin du XVIIe siècle, Guillaume Avenel, écuyer,
sieur de Siourie et de Saint-Georges de Rouelley, et
Charlotte de Verdun, sa femme, y faisaient leur
demeure. Celle-ci y mourut et fut, le 24 décembre 1725, inhumée dans l'église de Saint-Jean, au
premier rang de la nef, proche de l'autel de la Sainte
Vierge.

Vers la fin du XVIIIe siècle, ce domaine appartenait à la famille Chrestien de Montreuil, dont le chef,
officier de l'armée, était chevalier de Saint-Louis.

Il est probable que ce furent les Avenel qui firent édifier la gentilhommière de La Toullerie, qui a été transformée en une délicieuse habitation par M. Charles Gautier de Carville. Actuellement l'ancien corps de logis principal, accompagné de deux pavillons, constitue un fort élégant château, entouré de belles pelouses, de vastes jardins, le voisinage d'une rivière bordée de grands arbres, de vastes prairies et la proximité de la grande route de Mortain au Teilleul.

XV. — *Le château de Beauchamp*

Vers 1838 ou 1839, M. de Pracomtal jeta les fondations d'un fort beau château dans l'axe de son usine métallurgique de Bourberouge. Il voulut l'asseoir dans la partie de la forêt de Lande-Pourrie, qui est désignée sous le nom de Triage de Beauchamp. Le château de Beauchamp devient dès lors, selon l'expression usuelle d'autrefois, le chef de l'ancien domaine de Mortain, réduit actuellement à la forêt de Lande-Pourrie, dont l'étendue dépasse encore 3.000 hectares, ce qui en fait l'une des plus vastes de la France entière.

Situé au pied d'un rocher, sur le versant d'une chaîne de montagnes qui rattache Mortain à Domfront, le château de Beauchamp produit un merveilleux effet pittoresque. Au milieu de ce pays, dont les beautés naturelles lui donnent une réputation que lui envient les arrondissements voisins, il mérite une mention particulière. Je défie le plus inspiré des poètes de rêver un effet de paysage plus calme et à la fois plus animé, une nature plus abrupte et en même temps plus luxuriante, une construction d'un blanc plus pur se dégageant mieux sur la nuance sombre des sapins ; et si un artiste avait à chercher un délicieux décor d'opéra, je crois qu'il n'aurait pas à choisir un meilleur objectif, car il lui serait difficile d'accumuler sur sa toile des aspects plus gracieux et plus variés, avec les rapides contrastes d'une gorge escarpée, étoite et dominée à droite et à gauche par de beaux groupes de rochers qu'anime une forêt émaillée de sapins au noir feuillage, avec le paysage des bâtiments d'une vaste usine et le mouvement incessant d'une population industrielle et laborieuse avec enfin la dignité d'un château moderne pour lequel le luxe intérieur de ses salons Louis XVI, blanc et or, n'a rien négligé en accumulant même dans ses dépendances un parc immense et tout ce que la fantaisie peut souhaiter de plus doux et de plus confortable et en acclimatant même sous le ciel si sévère de notre contrée l'oranger de la Provence et l'ananas des tropiques.

Rien ne manque à ce tableau qu'égayent un ruisseau jaseur, de murmurantes cascades, le bruit des enclumes et des marteaux, le feu des hauts-fourneaux et de fraîches prairies, pas même un beau lointain que forment plusieurs étangs, qui sont presque des lacs, et plus loin encore, un mamelon dénudé, image de la forêt silencieuse, qui recèle non loin, comme dans un pli mystérieux, la Miraculeuse chapelle de Rancoudray.

Ce magnifique domaine est la propriété de M. le Vicomte Gustave de Failly, ancien membre du Conseil général de La Manche et ancien maire, qui l'a acquis en 1844, pour un million cent soixante mille francs.

L'usine de Bourberouge est dans la commune de Bion. A raison de son très proche voisinage, beaucoup de visiteurs donnent, à tort, au château de Beauchamp le nom de château de Bourberouge.

XVI. — *L'Eglise de Saint-Jean-du-Corail*

L'histoire d'une commune rurale se concentrait, autrefois surtout, dans celle de ses châteaux et de son église.

Une primitive église a dû s'élever à Saint-Jean-du-Corail au xiie siècle, au temps même où se forma le fief seigneurial qui venait d'être constitué aux dépens de la paroisse de Bion. Rien ne subsiste de ce premier édifice, sinon ses substructions. L'absence de tout caractère archéologique dans l'église actuelle, ne permet de lui donner un cachet très antique. Quelques parties pourraient cependant remonter au siècle suivant, autant qu'on peut le supposer par l'étroitesse et l'irrégularité de ses fenêtres, qui ont été retouchées. Cependant l'ensemble de l'édifice rappelle le xvie siècle.

L'autel principal est sous l'invocation double de Saint-Jean-Baptiste et de Saint-Jean l'Evangéliste.

Près du grand autel du chœur, du côté de l'évangile, se trouvait, au dire de l'historien Julien Pitard (1), un ancien tombeau de tuffeau blanc, encadré sous une voûte à arcade, pratiquée dans la muraille, au-dessus du banc des seigneurs de Saint-Jean. Sur ce tombeau était la statue d'un chevalier couché et revêtu de sa cotte d'armes. Mais l'absence de toute inscription ou d'armoiries ne permettait pas de l'assigner soit à l'un des membres de la famille de Saint-Jean, soit à celle de Saint-Manvieu. Ce tombeau a disparu probablement à la Révolution et les fragments en ont été dispersés. Vers 1835, nous a dit M. le Curé Lesongeur, on rencontrait encore dans le cimetière des fragments du chien sur lequel s'appuyaient les pieds du chevalier. C'était surtout aux XIVe et XVe siècles, que pour les monuments funéraires, on plaçait ces animaux sous les pieds des personnages, comme emblèmes de la fidélité. Ce monument plus probablement devait se rapporter aux de Saint-Manvieu.

D'après Pitard encore, on voyait aux fenêtres du chœur des vitraux peints et les armoiries des Saint-Jean et des Saint-Mauvieu : ils n'existent plus.

Cette très modeste église a été témoin de quelques touchantes cérémonies religieuses.

Notamment le 21 septembre 1504, Mgr Louis de

1. *Nobiliaire du comté de Mortain. V° de Vaufleury.*

Bourbon, évêque d'Avranches, daigna y venir con-
férer les ordres du diaconat à Robert de Saint-Manvieu, le fils du seigneur de Saint-Jean.

En l'année 1785, la bénédiction de deux cloches y
fut aussi l'occasion d'une grande fête. L'une fut nommée *Anne,* par M. de Saint-Cyr, lieutenant général
du bailli, et par Mme de Moissey. La seconde fut
nommée *Marie,* par M. de Milly et par Mme de Saint-
Cyr. L'abbé de Vaufleury, curé de Barenton, en fut
le consécrateur. Ces cloches furent probablement
envoyées à la fonte, en 1793.

Une seule autre les a remplacées. En voici l'inscription :

J'ai été *Bénite par M. Joseph Aubin Herambourg
Desservant de Saint-Jean et nommée Perrette Marie
par M. Pierre-Auguste De Laubrière, maire de
Saint-Jean et noble dame Marie-Gabrielle Fortin,
veuve de Messire Gabriel-François de Vaufleury de
Saint-Cyr, lieutenant général au bailliage de Mortain, Anno 1818. Les frères Grente de Hambye
m'ont faite.*

Dans le cimetière est une croix cannelée avec la
date 1676.

En 1745, le 16 septembre, deux autres croix furent
placées pour la première fois, disent les registres
de la catholicité, l'une au haut du bourg, et l'autre
au puits Jobbé.

Nous ne parlons pas des cérémonies des mariages
concernant les familles des châtelains de Saint-Jean.

Elles furent nombreuses ; mais plusieurs furent faites dans la chapelle seigneuriale.

XVII. — *Curés de Saint-Jean-du-Corail*

Nous avons déjà dit que les possesseurs du fief du Petit Saint-Jean étaient patrons présentateurs de la cure paroissiale. L'évêque d'Avranches les nommait.

La liste que nous présentons des curés de Saint-Jean, contient évidemment des lacunes.

1469- † 1502 Philippe de Saint-Manvieu, seigneur de Reculé.

1502 René de La Vairie.

1504-1519 Robert de Saint-Manvieu.

1581 Julien Lemesle.

1586-1599 Michel Bourget.

1625 Charles de Saint-Manvieu.

1646-1667 Jean de Vauborel, écuyer, sieur de Boisbadon.

1692- † 1695 ... Costrat, vicaire desservant la cure.
1696

1697- † 1700 Etienne Dupont, bachelier en théologie de la Faculté de Paris, doyen rural du Teilleul.

1700- † 1701 Pierre Pitard, écuyer.

1701-1732 Joachim Dufay.

1732- † 1774 Charles Pasturel, originaire de Coutances.

1774- † 1785 Mathurin Cousin.

1787- † 1792 Laurent Boutry de la Fresnaye.

1792- † 1799 André Jehan.

1802 ... Carrel, desservant provisoire. Il s'installa dans la chapelle du château, l'église paroissiale étant occupée par... Cordon, prêtre constitutionnel.

1803 François Bouvet. Transféré au Teilleul.

1803 ... Serrant, desservant provisoire.

1803- † 1807 Georges-Gilles-Guy de Lentaigne.

1807-1810 Jean-Baptiste Poisnel. Venu de la cure de Villechien.

1810-1814 Guillaume-François Leconte. Il démissionna et se retira à Savigny.

1814-1821 Joseph-Aubin Hérambourg. Fut nommé directeur du grand séminaire de Coutances, et chanoine honoraire. Il se retira aux Missions de France.

1821- † 1864 Pierre-Bruno Lesongeur.

1864-1867 Bizet.

1867-1888 Roblin.

1902-1905 Couette.

XVIII. — *Maires de Saint-Jean-du-Corail*

La division de la France en départements créa un nouvel ordre de choses et de nouveaux fonctionnaires en établissant des arrondissements, des cantons et des communes. Celles-ci furent administrées par les maires, avec le concours d'adjoints et de conseils municipaux.

Saint-Jean-du-Corail, depuis l'année 1790, a eu pour maires :

1790-1792 MM. Jehan (André). En même temps curé de Saint-Jean.

1792 Heurtaut-Morandière (François-Jacques).

1794- † 1840 Delaubrière(Pierre-Auguste).Mort en fonctions.

1840-1848 Dary (Guillaume).

1848-1855 Le vicomte de Failly (Louis-André-Gustave).

1855-1858 Guyard (Auguste-Antoine).

1860-1862 Sauvage (Hippolyte-Louis-Jean-Baptiste), officier de l'Instruction publique, avocat, puis juge de paix.

1862-1870 Théot (Jules-Louis), avoué au tribunal de Mortain.

1871-1881 Gautier de Carville (Charles).

1881-1907 Gaudin de Villaine (Adrien-Paul-Marie-Sylvain), chevalier de la Légion d'honneur, sénateur du département de La Manche, conseiller général et ancien député de Mortain.

XIX. — *Faits Généraux*

En dehors des indications que nous avons données sur Saint-Jean-du-Corail, nous n'avons que fort peu d'événements à signaler.

La seule occasion dans laquelle nous ayons même trouvé le nom de Saint-Jean mêlé à l'histoire générale de la Normandie, c'est dans la lutte du protestantisme et de La Ligue et des troubles qu'elle provoqua dans notre Mortainais lui-même.

On sait que le duc de Montpensier comte de Mortain, resta fidèle à la foi et à la royauté. Il sut aussi contenir les populations de son comté dans la plus complète obéissance générale. Cependant la doctrine de Genève eut de nombreux adeptes dans la région de Mortain et d'après les rapports d'un *Mémoire* transmis au prince par son conseil tenu au château de Mortain, en 1566 (1) *beaucoup de gentilshommes du comté y étaient fort opiniâtres et personne n'osait rien faire pour leur déplaire.*

Mais bientôt des actes nombreux de violences se manifestèrent de toutes parts. On comprit alors de part et d'autre qu'il y avait lieu de recourir aux moyens extrêmes de défense. Les deux partis se comptèrent et chacun d'eux se fortifia chez soi.

Ce fut alors que vingt-cinq châteaux forts surgi-

1. H. Sauvage. *La Ligue dans le Mortainais,* 1885, p. 36 et suiv. Archives de la Manche. A. 657, années 1619 et 1620.

rent dans l'étendue du comté de Mortain pour y soutenir la lutte la plus énergique et combattre pour ainsi dire corps à corps.

Le parti du roi et du duc de Montpensier compta les châteaux d'Isigny, du Bois, de Chasseguey, de Moissey, de Fontenay, de Milly, de Boussentier, de Martigny, de La Cocherie, de L'Etang, de La Motte, des Genetels et de Saint-Christophe.

Celui des protestants eut pour lui Juvigny, La Tavelière, Saint-Symphorien, Le Capitaine Tonnerre, Le Jardin, La Grihaudière, Le Meniltôve, Coulouvray, Marcilly, La Chaise, La Mancellière, Le Plessis, Longuève et La Haye.

Or Moissey, situé à Saint-Jean-du-Corail, se remarqua parmi ces maisons fortes, élevées dans les campagnes et nous nous demandons quel fut celui des deux frères Mallet, de Charles ou d'Hilaire qui en fut l'artisan et l'ingénieur puissant. D'après nos documents, Moissey, qui était dans le principe, pour les royaux et catholiques, se trouvait être *à présent*, selon la description qui en fut faite, *un chasteau ayant quatre gros pavillons, grande quantité de tours, doubles murailles à courtines, douves, double-douves, deux ponts-levis, et enceinte fortifiée, au grand préjudice de tout le pays, à cause des gens de guerre et autres méchants garnements qui s'y réfugiaient en temps de troubles, et y faisoient voleries et assassinats.*

Cette situation se maintint pendant quarante ans et il fallut toute la grande autorité du puissant cardinal de Richelieu pour provoquer d'abord des arrêts qui ordonnèrent la démolition de ces forteresses toujours menaçantes et dangereuses, et pour ensuite exécuter ces sentences de la Justice. Seul, ce ministre eut assez de fermeté pour pouvoir faire instruire les procès des coupables devant des cours qui se savaient appuyées et secondées par la force d'un gouvernement régulier et stable.

Pour ce qui concerne la démolition de Moissey, la sentence en fut rendue en 1626 contre Charlotte Martel, veuve d'Hilaire Mallet et elle lui fut commune avec Jacques d'Auray, sieur de Gouey, qui avait épousé Adrienne Mallet, la seconde fille d'Hilaire. La première était actionnée au titre d'usufruitière de Moissey, la seconde, en qualité de nu-propriétaire de la citadelle audacieuse (1).

A cette époque, le désordre était presque général, si l'on ajoute foi aux documents qui ont subsisté. Ainsi, en 1624, le conseil de la duchesse Marie de Montpensier, comtesse de Mortain, qui devait deux ans plus tard épouser Gaston d'Orléans, frère du roi, le conseil disons-nous, fut saisi d'une plainte collective contre le curé de Saint-Jean-du-Corail, M. de Saint-Manvieu, les frères de celui-ci et plusieurs autres encore, qui ravageaient avec chevaux, chiens et oiseaux (des faucons, sans doute), les champs ensemencés de froment et de chanvre, *frappant « nombre de personnes avec arquebuses, carabines et*

1. H. Sauvage *La Ligue dans le Mortainais*, déjà citée.

« *gaules de chasse, leur rompant les bras et les*
« *blessant à mort* (1).

Au même temps, M. de Montholon, l'un des
tuteurs de la même princesse, recevait une lettre
particulière, venant de Mortain. Elle lui annonçait
« que les pauvres gens s'en vont à Paris, se jeter à
« ses pieds, pour la supplier d'avoir compassion de
« leurs *misères et de leur moyenner la justice des*
« *horribles cruautés qui s'exerçaient journelle-*
« *ment contre eux*, dans toute l'étendue du comté
« de Mortain (2) ». Le tableau était très attristant et
il était vrai !

Lorsqu'en, 1696 le célèbre Pierre-Daniel Huet,
évêque d'Avranches, eut repris la visite pastorale de
son diocèse, il reçut, à Barenton, la visite le 27 juillet, de l'abbé Costrat, vicaire desservant la cure de
Sain-Jean-du-Corail, qui lui déclara que tout était en
bon état dans la paroisse ; qu'il tenait lui-même
l'école pour les garçons, mais qu'il n'y avait point
de maîtresse pour les filles. Il ajouta qu'à Saint-Jean
se trouvaient deux sages-femmes bien instruites. —
La paroisse avait aussi deux chapelles, la chapelle
seigneuriale et celle de La Prise, qui toutes les deux
furent interdites par le Prélat jusqu'à ce que les
titres en fussent représentés (3).

Vers l'année 1707, il fut établi au bourg de Saint-
Jean une brigade ambulante de la gabelle, qui se com-

1. Archives de la Manche. A. 602.
2. Archives de la Manche. A. Mêmes sources.
3. *Mémoires de la Société d'Archéologie d'Avranches* t. XIII.

posa de plusieurs agents, commandés par un capitaine. C'était sans doute la situation de la bourgade, traversée par plusieurs grandes voies, celle de Mortain au Teilleul, et celle du Chemin Montais, venant de Domfront et se dirigeant vers le Mont Saint-Michel, qui avaient donné la pensée d'y établir une surveillance contre la fraude du sel, et peut-être même un grenier de sel, dépendant des fermes royales.

Cette brigade fut maintenue pendant une période assez longue, car le 4 novembre 1743, eut lieu à l'église de Saint-Jean-du-Corail, l'inhumation de Jean de Jonco, né dans la province des Asturies, en Espagne, capitaine des gabelles de cette brigade.

Enfin, nous tenons à signaler un vol avec effraction qui fut exécuté dans l'église de Saint-Jean-du-Corail même, durant la nuit du 22 au 23 septembre 1790. Cet événement produisit une assez vive émotion dans le pays.

La justice fut prévenue dès que le vol fut découvert. Afin de parvenir au *Trésor de l'église*, les malfaiteurs avaient brisé les carreaux d'une fenêtre placée vers le nord de l'édifice. Alors ils avaient pénétré à l'intérieur et avaient forcé le *coffre*, dans lequel ils espéraient trouver une fortune considérable.

Procès-verbal fut dressé le jour même par Boiton, lieutenant particulier au bailliage de Mortain, assisté de Passais de Montbenoist, procureur du roi. Information faite, il fut constaté que seulement 233 livres (1) et quelques sous de numéraire seu-

1. On comptait alors en livres, sous et deniers.

lement avaient été soustraits. Les voleurs n'avaient laissé dans le coffre brisé que quelques papiers et un liard. Nous ne savons pas ce qui advint par la suite (1).

XX. — *Notabilités locales de Saint-Jean-du-Corail*

Morin (Nicolas), né le 16 août 1782, au village de La Monneraye, en Saint-Jean-du-Corail. Nommé vicaire de Husson, à sa sortie du grand séminaire de Coutances ; il en devint curé quelques années après. Onze ans plus tard, il fut choisi pour coadjuteur de l'abbé Lebel, curé de la ville de Mortain, atteint d'une cécité presque absolue. En même temps il recevait des lettres de vicaire général du diocèse. Enfin, en 1828, il fut appelé à la cure de Mortain, qu'il dirigea d'une façon remarquable jusqu'à sa mort, survenue le 18 janvier 1840 (2).

Le Tavernier. Quatre frères de cette famille ont, dans la deuxième moitié du xviiie siècle, occupé des situations importantes. Ils doivent être nés au village de La Gasnerie ou à celui du Grand-Hamel. L'un fut conseiller au Parlement de Rouen, le deuxième fut procureur près la même Cour, et les deux autres furent curés de Barenton, la plus considérable et la plus riche cure du Mortainais.

Pitard (Julien), écuyer, seigneur de Saint-Jean-du-

1. Pièces communiquées.
2. Abbé Lucas-Girardville. *Oraison funèbre,* prononcée le 6 octobre 1856.

Corail, né le 18 décembre 1642, au château de Saint-Jean-du-Corail, et baptisé le 13 janvier suivant dans l'église paroissiale. Auteur : 1° d'une *Histoire de Domfront* ; 2° d'un *Mémoire historique sur le comté de Mortain*, publiés l'un par Hippolyte Sauvage. Alençon, 1869 ; l'autre par Louis Dubois ; 3° un *Nobiliaire du comté de Mortain*. Manuscrit inédit présentant de l'intérêt ; 4° *Étude sur la famille Pitard*. Egalement resté manuscrit inédit. Illustré de dessins et de blasons armoriés.

Surville. Quatre membres de cette famille méritent d'être cités :

Le premier, Jean-Baptiste Surville, né à Saint-Jean-du-Corail, le 21 novembre 1731, fut un prêtre fort instruit. Il avait formé au bourg même de Saint-Jean, une maison d'éducation, qui eut une certaine réputation et presque les proportions d'un petit séminaire.

Le deuxième, Louis-Antoine Surville, né à Saint-Jean-du-Corail, le 3 novembre 1757, chef de bataillon dans les cohortes de La Manche, fut lieutenant-colonel du 138° régiment de ligne et commandant de place de la ville de Caen, sous l'Empire ; il reçut la croix de la Légion d'honneur. Il décéda à Mortain, en mars 1814.

Le troisième, Pierre-François Surville, frère cadet du précédent, né à Saint-Jean, le 22 avril 1771, devint capitaine au 29° régiment de ligne et resta dans les colonies durant la plus grande partie de sa carrière militaire. Il mourut à Saint-Jean-du-Corail, le 7 avril 1820

Le quatrième, Thomas-Julien-Jean Surville, cousin des précédents, naquit à Saint-Jean-du-Corail, le 28 avril 1778, au village de Chenilly. Reçu docteur en médecine, il fut correspondant du comité de vaccine de l'arrondissement de Mortagne (Orne), médecin des épidémies de l'arrondissement de Mortain et longtemps médecin de la Maison Centrale du Mont Saint-Michel. Les services qu'il rendit à l'époque de l'épidémie du choléra asiatique de 1832, lui valurent une médaille d'or. Il s'était lié d'une étroite amitié avec Chaussier, Bichat et diverses illustrations médicales de son temps. Il est mort au Pontaubault, le 27 décembre 1857. Le Journal *L'Avranchin* du 22 août 1860, lui a consacré un très flatteur éloge, sous le titre : *Le Médecin Philosophe du Pontaubault.*

HIPPOLYTE SAUVAGE

Lauréat de l'Institut.
Officier de l'Instruction Publique.

Imp. BONVALOT-JOUVE, 15, Rue Racine, Paris.

9 782019 922986